අනුරාග පුෂ්පය

තුන් ඇඳුතු ගීත විචාරය

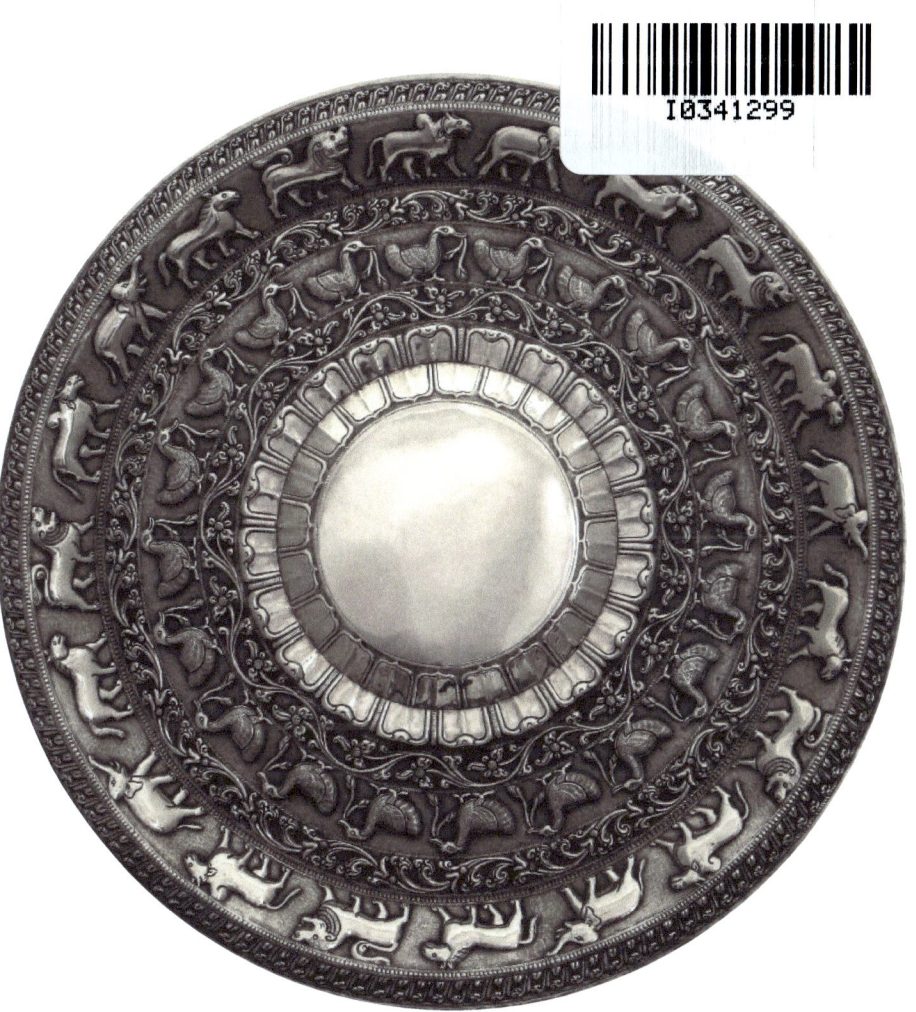

ආචාර්ය මහේන්ද්‍ර සමරවික්‍රම

අනුරාග පුෂ්පය

තුන් ඈඳුතු ගීත විචාරය

කර්තෘ

ආචාර්ය මහේන්ද්‍ර සමරවික්‍රම

කථනය

විජිත් ප්‍රේමසිංහ

සංස්කරණය

මධු පෙරේරා

ග්‍රන්ථ නිර්මාණය

මුත්තයියා කෙතීෂ්

සිතුවම් නිර්මාණය

කේ. එස්. හේෂාන් මධුසංඛ ගුණසේකර

ISBN අංකය 978-0-6454693-2-5

ISBN 978-0-6454693-2-5

9 780645 469325 >

සියලු හිමිකම් කර්තෘ සතු ය.

© වර්ෂ 2022 ආචාර්ය මහේන්ද්‍ර සමරවික්‍රම

යේ ධම්මා හේතුප්පභවා
තේසං හේතුං තථාගතෝ ආහ
තේසං ච යෝ නිරෝධෝ
ඒවං වාදී මහා සමණෝ

"භවයෙහි හේතූන්ගෙන් හටගත් යම් ධර්මතාවක් ඇද්ද ඒ හට ගන්නා හේතු තථාගතයන් වහන්සේ දේශනා කරන සේක. එම හේතූන් නැති කිරීමෙන් එහි ඵලයත් නැතිවේ. මහා ශ්‍රමණයන් වහන්සේ මෙබඳු දහමක් දේශනා කරන සේක."

- අස්සජි මහරහතන් වහන්සේ උපතිස්ස පරිවැජියාට (පරිබ්‍රාජක) දේශනා කළ ගාථාව.

4 අනුරාග පුෂ්පය

පටුන

පිරිනැමීම	5
හැඳින්වීම	6
මනරම් ගිරි ශිඛරේ	9
සංසාර සාගරේ	15
අනුරාග පුෂ්පය	19

පිරිනැමීම

මෙම ග්‍රන්ථය ආචාර්ය මහේන්ද්‍ර සමරවික්‍රමයන් විසින් සිය ආදරණීය බිරිඳ ප්‍රසාදි ඩොමින්ගෝ, දියණිය ජනුදි සසෙන්‍යා සහ පුතු තේජායු සහස්‍ය වෙත සෙනෙහසින් පිරිනැමේ.

නමෝ තස්ස භගවතෝ අරහතෝ සම්මා සම්බුද්ධස්ස.

හැඳින්වීම

බුදු දහම යනු සත්ත්වයා දුකින් පෙළෙන්නේ ය යන ප්‍රත්‍යක්ෂය මුල් කොට එම සත්ත්වයා දුකින් මුදවාලනු පිණිස බුදුරජාණන් වහන්සේ විසින් ම අවබෝධ කොට ලොවට දේශනා කරන ලද දර්ශනයකි. බුදුරජාණන් වහන්සේ සත්ත්වයා දුකින් මුදවාලනු පිණිස බුදුදහමෙහි මූලික හරය වන චතුරාර්ය සත්‍යය ප්‍රථම ධර්ම දේශනාවේ දීම හඳුන්වා දෙන ලදී. චතුරාර්ය සත්‍යය නම් දුක පිළිබඳ සත්‍යය, දුකට හේතුව පිළිබඳ සත්‍යය, දුක කෙළවර පිළිබඳ සත්‍ය සහ දුක කෙළවර කිරීමේ මාර්ගය පිළිබඳ සත්‍යය යි. කෙටියෙන් කිවහොත් මෙම ආර්ය සත්‍ය සතර දුක, තණ්හාව, නිවන සහ මැදුම් පිළිවෙත ලෙස විස්තර කළ හැක. මෙම ගීත ත්‍රිත්වය තුළ දී අපි බුදු දහමේ මූලික සංකල්ප සරල ස්වරූපයෙන් ඉදිරිපත් කළෙමු.

මෙම තුන් ඇඳුතු ගීතයන්හි විශේෂත්වය නම් ගීත කලාව තුළින් බෞද්ධ දර්ශනයෙහි මූලික සිද්ධාන්ත ශ්‍රාවකයාට සන්දේශනය කිරීමට ගත්තා වූ නව ප්‍රයත්නය යි. මෙහි දී චතුරාර්ය සත්‍ය, නාම-රූප, තණ්හාව, හේතුඵල දහම, චෛතසික, විදර්ශනාව සහ නිර්වාණය ආදී මූලික කරුණු ගීත කලාව තුළින් සංදේශනය කෙරෙයි. අතීතයේ, වර්තමානයේ දී මෙන් හඬ පටිගත කිරීමේ තාක්ෂණයක් නොතිබූ හෙයින් ලිඛිත ධර්මය සහ සාහිත්‍යය තුළින් බුද්ධ දේශනය ශ්‍රාවකයාට සන්දේශනය වූ ආකාරය පිළිබඳව විශ්ලේෂණය කළ හැක. මෙහි දී කරුණු කීපයක් කෙරෙහි අවධානය යොමු කිරීම සුදුසු ය. ඉන් පළමුවැන්න නම් බුදුරජාණන් වහන්සේගේ මියුරු කටහඬ කෙරෙහි ශ්‍රාවකයා පැහැදුණු ආකාරය විස්තර කෙරෙන්නා වූ සූත්‍ර දේශනා යි. එහි දී ධර්මය මියුරු ලෙස දේශනා කිරීමේ අවශ්‍යතාව ඉස්මතු කර ඇත. ගාථා විශ්ලේෂණය කිරීමේ දී දැකිය හැකි කරුණ නම් එම ගාථා ඉතා අර්ථවත් පද සහ මනරම් ස්වර සුසංයෝගයක පිහිටි අපූරු නිර්මාණයක් බව යි. අප මෙහි දී සම්මුති වශයෙන් ගාථාවක් ලෙස ව්‍යවහාර කෙරුණ ද එය විශිෂ්ට ගීතමය නිර්මාණයකි. කෙසේ නමුත් සාමාන්‍ය ගීත නිර්මාණයක් මෙන් නොව ගාථා නිර්මාණයක දී භාෂාවත් ධර්මයත් අතර ඇති සබැඳියාව හඳුනා ගැනීමට සමත් විශේෂ භාෂාමය ඥානයක් අවශ්‍ය වේ. බුද්ධ ධර්මය තුළ මෙම ඥානය

සිව්පිළිසිඹියා ලෙස විස්තර කෙරේ. ධර්මය ඉතා නිවැරදිව සංදේශනය කිරීම සඳහා මෙම ඥානය මනා පිටුවහලක් සපයයි. මෙවන් භාෂා ඥානයක් අප සතු නොමැති බැවින් බෞද්ධ දර්ශනය හා බැඳුණු ගීත නිර්මාණයේ දී වඩාත් සැලකිලිමත් විය යුතු ය.

ධර්මාවබෝධය සඳහා බුදු දහම තුළ ආකාර තුනක් පෙන්වා දී ඇත. එනම් 'සුනාථ ධාරේථ චරාථ ධම්මේ' හෙවත් 'ධර්මය අසන්න; ධර්මය දරන්න; ධර්මයෙහි හැසිරෙන්න' යනුවෙනි. මෙම අවශ්‍යතා සාක්ෂාත් කර ගැනීම සඳහා භාෂාව සහ සාහිත්‍යය කොතරම් ඉවහල් වුවේ ද යන වගට බුදු දහමෙන් පෝෂණය වූ පුරාතන සිංහල සාහිත්‍යය සාක්ෂි දරයි. කෙසේ නමුත්, ඉහළ තලයක රඳෙන වත්මන් ලාංකීය ගීත කලාව තුළ බෞද්ධ දර්ශනයෙහි මූලික සිද්ධාන්ත සංදේශනය සඳහා ගත් ප්‍රයත්න ඉතා විරල ය. එබැවින් අනාගතයේ දී බෞද්ධ දර්ශනයෙහි මූලිකාංග ගීතය තුළින් ශ්‍රාවකයාට සංස්පර්ශ කරවීම උදෙසා නිර්මාණකරුවන් දිරි ගැන්වීම පිණිස මෙම තුන් ඇඳුතු ගීතයන්හි සාර්ථකත්වය හේතු වේවායි අපි පතන්නෙමු.

බෞද්ධ දර්ශනයේ මූලික සිද්ධාන්ත මනස මුල් කොට දේශනා කළ බැවින්, මෙම ගීත ත්‍රිත්වය පුරාවට අප අවධානය යොමු කරනුයේ පුද්ගල ජීවිතයට හෝ බාහිර සංසිද්ධියකට නොව මනස කෙරෙහි ය. එබැවින් මෙම ගීත ශ්‍රවණයේ දී ශ්‍රාවකයා යම් ගීත සංසිද්ධියක් බාහිර පුද්ගල චර්යාවකට ආදේශ කරනවාට වඩා එය තම මනසට ආදේශ කිරීම වැදගත් වේ. මෙය ජීවිතයට ආදේශ කර ගන්නා ඕනෑම අයෙකුට, එම ජීවන අත්දැකීම ඔස්සේ තම මනසෙහි ක්‍රියාකාරිත්වය පිළිබඳ සිතා බැලිය හැකි ය. මෙම රස විඳීම තුළින් සියල්ලන්ටම ඉතා දුර්ලභ ක්ෂණ සම්පත්තිය ලැබේවායි ප්‍රාර්ථනා කරමු!

සමකාලීන සිංහල සංගීත ධාරාවේ
සුභාවිත ගීතයේ සෞන්දර්ය රසය
ඉස්මතු කරමින් එළිදැක්වූ

"අනුරාග පුෂ්පය"

භාවපූර්ණ ගීත රස වින්දනය උදෙසා
ඔබ වෙත කෙරෙන්නාවූ
ගෞරවාන්විත ආරාධනයයි!

ගායනය: සශිකා නිසංසලා
ගායනය සහ සංගීතය: කසුන් කල්හාර
ගායනය: විශාරද අමරසිරි පීරිස්

පද රචනය: ආචාර්ය මහේන්ද්‍ර සමරවික්‍රම
සංගීතය: ආචාර්ය රෝහණ වීරසිංහ

bit.ly/anuragapushpaya

AUDIO AVAILABLE ON ALL THE DIGITAL PLATFORMS

 MUSIC amazon music Spotify SHAZAM TIDAL deezer Music

මනරම් ගිරි ශිඛරේ

මනරම් ගිරි ශිඛරය ගීතය මෙම තුන් ඈඳුතු ගීත ත්‍රිත්වයේ ප්‍රථම ගීතය යි. මෙම ගීතය සඳහා මාතෘකා කරනු ලැබුවේ බුදුරජාණන් වහන්සේගේ ප්‍රථම ධර්ම දේශනය වන දම්සක් පැවතුම් සූත්‍රය යි. දම්සක් පැවතුම් සූත්‍රයේ දී චතුරාර්ය සත්‍ය පිළිබඳ දේශනා විය. එහි දී දුක මූලික සත්‍යක් ලෙස ප්‍රත්‍යක්ෂ කෙරිණි. එමෙන් ම දුක නිර්වචනය කිරීමෙන් අනතුරුව දුකට හේතුවත්, සියලු දුක්හි නිමා වන අවස්ථාව සහ එම අවස්ථාව සාක්ෂාත් කරගන්නා මාර්ගයත් ඉතා ම සුවිශේෂී ලෙස පළමු වරට ලොවට අනාවරණය කෙරිණි. දුක නිර්වචනය කිරීමේ දී සිතත් සිතට අරමුණු වන්නා වූ සියල්ලත් අස්ථාවර බව දක්වා, එම අස්ථාවර දේ කෙරෙහි බැඳීම තුළ දුක සකස් වන බව පැහැදිලි කෙරුණි. ධර්මය තුළ මානසික සහ භෞතික සියල්ල නාම සහ රූප ලෙස හැඳින්වේ. මෙම නාම-රූපයන්ගෙන් නිර්මිත ලෝකය මොහොතක් පාසා වෙනස් වන බැවිනුත්, එම වෙනස් වීම සුභ දායක ලෙස නොව අසුභ දායක ලෙස වෙනස් වන බැවිනුත්, සුභදායක ලෙස වෙනස්කර ගැනීමට ආයාසයක් දැරිය යුතු බැවිනුත්, එම ආයාසය දුක්ඛ සහගත බැවිනුත්, මෙම දුක පරම සත්‍යයක් ලෙස දේශනා කෙරිණි. තව ද නාම-රූප කෙරෙහි බැඳෙන්නා වූ ස්වභාවය තණ්හාව ලෙස ද විස්තර විය. මෙම තණ්හාව සහමුලින් දුරු කොට නාම-රූපයන්හි නොබැඳුණු, සියලු දුකින් තොර වූ නිර්වාණයක පැවැත්ම විස්තර කෙරිණි. එබැවින් නිර්වාණය නාම සහ රූපයන්ගෙන් වෙන්වූ ධර්මතාවකි. මෙම නිර්වාණය සාක්ෂාත් කිරීම සඳහා වූ මාර්ගය ලෙස මැදුම් පිළිවෙත හෙවත් ආර්ය අෂ්ටාංගික මාර්ගය විස්තර කෙරිණි.

ඉහත විස්තර කෙරුණු චතුරාර්ය සත්‍යය නොදැනීම තුළ පුද්ගලයා දිගින් දිගටම දුකට මුහුණ පාන බැවින් චතුරාර්‍ය සත්‍යය නොදැනීම අවිද්‍යාව ලෙස අර්ථ දැක්වුණි. අවිද්‍යාව හේතුවෙන් දුක හටගන්නා ආකාරය බුදු දහමේ හේතුඵල දහම තුළ විස්තර වේ. සංක්ෂිප්තව විස්තර කළහොත් අවිද්‍යාව හේතුවෙන් පෙර කී තණ්හාව ද, තණ්හාව හේතුවෙන් නාම-රූප කෙරෙහි බැඳීම ද, එම බැඳීම තුළ භවය ද නිර්මාණය වන අතර භවය තුළ ඉපදීම ජරාව සහ මරණය ආදී සියලු දුක් හට ගනී. දම්සක් පැවතුම් සූත්‍රය

තුළ භවය උපදවන්නා වූ තණ්හාව තුන් ආකාරයක් ලෙස දැක්වුණි. එනම් කාම තණ්හා, භව තණ්හා සහ විභව තණ්හාව යි. මෙම මනරම් ගිරි ශිඛරය ගීතය තුළ විස්තර කෙරෙනුයේ මෙම තණ්හාවේ ප්‍රභේද තුන් ආකාරය යි.

ආචාර්ය මහේන්ද්‍ර සමරවික්‍රම විසින් රචනා කරන ලද මෙම ගීතය ආචාර්ය රෝහණ වීරසිංහගේ සංගීතයට මුසු ව, විශාරද අමරසිරි පීරිස් විසින් ගායනා කරන ලදී. අපි පළමුව එම ගීතයට ඇහුම්කන් දෙමු.

ගායනය: විශාරද අමරසිරි පීරිස්

තනුව: ආචාර්ය රෝහණ වීරසිංහ

පද රචනය: ආචාර්ය මහේන්ද්‍ර සමරවික්‍රම

මනරම් ගිරි ශිඛරේ
සොඳුරු සිතුවම් දනවනා
රුදුරු හැඟුමන් කලඹනා
හැඟුමන් කලඹනා

අයෙක් තරණය කරයි ශිඛරය
සිත් යොමා සිරසට එහි මියුරු
උත්සුකයි ඔහු වීරිය නොඅඩුව
නොපිනවයි මග දෙපස නෙත්කලු

කෙනෙක් පියමන් මනී සිරසට
නොමහරී මග දෙපස මනහර
නොමදකී සිරසෙහි සොඳුරු බව
නොබෝ දිනකින් වියැකෙනා

තපෝ වනයකි නිසොල් මිනිසෙකි
නොම සිතයි සිරසත් මගත් සොඳුරු
දකී විනිවිද ගිරි ශිඛරේ තතු
සොයා හැඟුමන් කලඹනා

අප විසින් ඉහත දී නාම-රූප කෙරෙහි ඇති වන්නා වූ තණ්හාව හේතු කොට භවය සකස්වන ආකාරයත්, භවය තුළ පුද්ගලයා සසර දුකට මුහුණ පාන්නා වූ ආකාරයත් විස්තර කෙරිණි. මෙම ගීතයේ මනරම් ගිර භවයට උපමා කර ඇති අතර ගිරි ශිඛරය ලෞකික සුඛ විහරණයට උපමා කර ඇත. පෙර කී පරිදි පුද්ගලයකු භවය තුළ ගමන් කරනුයේ අවිද්‍යාව මත නාම-රූපයන් කෙරෙහි ඇත්තා වූ තණ්හාව හේතුවෙනි. එලෙස ම මෙම මනරම් ගිර තරණය කරන්නා වූ පුද්ගලයින් හට මනරම් ගිරි ශිඛරය කෙරෙහි ඇත්තා වූ තණ්හාව මූලික වේ. භවය තුළ ද ඉතා ආයාසයෙන් ලබාගත්තා වූ තාවකාලික සුඛ විහරණයක් පවතී. එනමුදු එය සමස්තයක් ලෙස ගත් කල අපමණ දුකකි. මෙම භවය තුළ ඇත්තා වූ තාවකාලික සුඛයත් ඒකාන්ත දුකත් මුල්කොට ගීතයෙහි පළමු කොටසින් මනරම් ගිර තරණය කරන්නා වූ පුද්ගලයින් හට සොඳුරු සිතුවම් මෙන් ම රුදුරු හැඟුමන්වලට ද මුහුණ පාන්නට සිදු වන බව සඳහන් කෙරිණි.

මෙම ගීතය තුළින් මනරම් ගිර හෙවත් භවය තරණය කරනා පුද්ගලයින් දෙදෙනෙකු විස්තර කෙරේ. පුද්ගලයින් දෙදෙනෙකු ලෙස විස්තර කළ ද මෙමගින් තණ්හාවේ ප්‍රභේද අරමුණු කෙරේ. මෙම තණ්හාවේ ප්‍රභේද පුද්ගලයකු භවය තරණය කරනා ආකාරය තීරණය කෙරේ. එය ගීතය තුළ පුද්ගලයින් මනරම් ගිර තරණය කරනා ආකාරයට උපමා කොට ඇත. ගීතය තවදුරටත් විස්තර කිරීමට පෙරාතුව අප විසින් තණ්හාවේ ප්‍රභේද තුන් ආකාරය තේරුම් ගත යුතු යි. පෙර සඳහන් කළ පරිදි තණ්හාව කාම තණ්හා, භව තණ්හා සහ විභව තණ්හා ලෙස තෙවැදෑරුම් වේ. මින් කාම තණ්හාව නම් පුද්ගලයකු නාම-රූප ස්ථාවර දෙයක් ලෙස සලකා නාම-රූප කෙරෙහි ඇති කරගන්නා වූ ඇල්ම යි. මීට අමතරව යමෙකුට භවය කෙරහෙි ඇති අවබෝධය තුළ මෙම නාම-රූප කෙරහෙි ඇතිවන්නා වූ තණ්හාව භව තණ්හාව සහ විභව තණ්හාව ලෙස දෙයාකාරයකි.

මෙම භව තණ්හාව සහ විභව තණ්හාව තුළ පුද්ගලයකුගේ කාම තණ්හාවෙහි ස්වරූපය විවිධාකාර වේ. භව තණ්හාව නම් එකම සත්වයෙකු සදාකාලිකව පැවත භවයෙන් භවයට ගමන් කරන්නේ ය යන අදහස මුල්කොට ඇති වන්නා වූ ඇලීම යි. විභව තණ්හාව නම් මේ භවයෙන් සියල්ල කෙළවර වේ ය යන මතය මුල්කොට ඇති වන්නා වූ ඇලීම යි. එබැවින් මෙම

හාත්පසින් වෙනස් වූ භව තණ්හාව සහ විභව තණ්හාව තුළ පුද්ගලයකුගේ කාම තණ්හාවේ විවිධත්වය තේරුම් ගත හැක. නිවන් සාක්ෂාත් නොකළ ඕනෑම සත්ත්වයකු හට එකී යම් තණ්හාවක් ද ඊට අනුරූප භවයක් ද එතුළ දුකක් ද පවතී.

මෙම ගීතයේ මනරම් ගිර තරණය කරන පළමුවැන්නා තුළින් කාම තණ්හාවෙන් සහ භව තණ්හාවෙන් යුතු ව භවය හඹායන්නා නිරූපණය කෙරේ. නිත්‍ය පුද්ගලයකු භවයෙන් භවයට යන්නේ ය යන මතය පදනම් කොට ඔවුහු අනාගත නාම-රූපයන්හි බැඳී භවය ගතකරති. මතු භවයක් විශ්වාස කරන හෙයින් අනාගත සුගතිය උදෙසා මහත් වීර්යයෙන් දස පුණ්‍යක් ක්‍රියා සහ පාරමිතා පුරමින් සසර හඹා යති. මතු භවයක් විශ්වාස කරනා හෙයින් වර්තමාන සුබ විහරණය කෙරෙහි දැඩි ව නොබැඳේ. මෙය ගීතය තුළ දී විස්තර වනුයේ මනරම් ගිරි ශිඛරය හෙවත් අනාගත කාම තණ්හාව කෙරෙහි ලොබ බැඳගත් පුද්ගලයකු මග දෙපස නෙත්කලු දසුන් හෙවත් වර්තමාන කාම තණ්හා කෙරෙහි සිත් යොමු නොකොට ගිරි ශීර්ෂය තරණය කිරීමට උත්සාහ ගන්නා ආකාරයට යි. මෙහි ගිරි ශීර්ෂය කොතරම් සොඳුරු ලෙස පෙනුණ ද, එය අස්ථාවර නාම-රූප ධර්මතාවක් බැවින් දුක්ඛ සහගත ය.

මනරම් ගිර තරණය කරනා දෙවැන්නා තුළින් මතු භවය පිළිබඳ විශ්වාසයක් නොමැති විභව තණ්හාවෙන් යුතු පුද්ගලයා නිරූපණය කෙරේ. එය ද මිථ්‍යා දෘෂ්ටියකි. පෙර කී භව තණ්හාවෙන් යුතු පළමුවැන්නා කුසලයෙහි වීර්යයෙන් තම සාංසාරික, තාවකාලික ලෞකික සුඛය සකසා ගත්ත ද, මතු භවය පිළිබඳ විශ්වාසයක් නොමැති දෙවැන්නා කුසල් පිරීමට අවැසි වීර්යයෙහි අවශ්‍යතාවක් නොදකී. ඔවුන් බොහෝවිට වර්තමානයේ සුවය දැඩි ව විඳීමේ ස්වභාවයක් ඇත. මෙය, ගීතය තුළ මග දෙපස මනහර දසුන් පිනවමින් ගිරි ශීර්ෂය වෙත පියමං කරනා පුද්ගලයකු තුළින් විස්තර කෙරේ. මතු භවයක් විශ්වාස නොකරන බැවිනුත් දස පුණ්‍යක් ක්‍රියා හෝ පාරමිතා පිරීමේ අවශ්‍යතාවක් නොදකින බැවිනුත් මතු භවය තුළ ලැබිය හැකි තාවකාලික සුඛ විහරණය ද නොලැබී යයි. මෙය, ගීතය තුළ "නොමදකී සිරසහි සොඳුරු බව නොබෝ දිනකින් වියැකෙනා" ලෙස දක්වා තිබේ.

ඉහත කී කාම තණ්හා, භව තණ්හා සහ විභව තණ්හා යන තුන් ආකාරය ම සත්ත්වයා දුකට පමුණුවයි. ආස්වාදයක් ඇතොත් එය තාවකාලික ය. මෙම අවබෝධය ඇති කරගැනීමට සත්ත්වයා බාහිරට නොව සිය මනසට අවධානය යොමු කළ යුතු ය. මෙම ගීතයේ තපෝ වනයක සමාධිය වඩනා තෙවැන්නා උත්සාහ කරනුයේ මෙම සත්‍ය අවබෝධයට යි. මෙහි දී ඔහු සසර දුකින් මිදී නිර්වාණය සාක්ෂාත් කිරීම සඳහා ආර්ය අෂ්ටාංගික මාර්ගය වඩනා පුද්ගලයකු ලෙස තේරුම් ගත හැක. ඔහු විසින් මනරම් ගිරි ශිඛරය සහ එතුළින් මතුවන්නා වූ හැඟීම් අස්ථාවර නාම-රූප ධර්මතාවන් ලෙස පිළිසිඳ දකී. ආර්ය අෂ්ටාංගික මාර්ගය යනු නිවන් ලබාගන්නා වූ මාර්ගය වන සම්මා දිට්ඨිය, සම්මා සංකල්ප, සම්මා වාචා, සම්මා කම්මන්ත, සම්මා ආජීවය, සම්මා වායාම, සම්මා සති සහ සම්මා සමාධි වන මැදුම් පිළිවෙත යි. මෙම ධර්ම කරුණු සවිස්තරව ඉගෙනීම ජීවිතයට ඉතා ම අගනේ ය.

සංසාර සාගරේ

මෙම ගීත ත්‍රිත්වයෙහි පළමුවන ගීතය වන මනරම් ගිරි ශිඛරය ගීතයේ දී චතුරාර්ය සත්‍යය විස්තර කෙරිණි. බුදුරජාණන් වහන්සේ චතුරාර්ය සත්‍ය දේශනයේ දී දුකත්, දුකට හේතුවත්, දුක නැති කිරීමත්, දුක නැති කිරීමේ මාර්ගයත් විස්තර කළ සේක. දුකට හේතුව තණ්හාව බව දක්වා චතුරාර්ය සත්‍යය අවබෝධ නොවීම තුළ තණ්හාව ඇති වන බව දැක්වූහ. මෙම චතුරාර්ය සත්‍යයය පිළිබඳ අනවබෝධය අවිද්‍යාව ලෙස හැඳින්විණි. අවිද්‍යාව තුළින් තණ්හාව ඇති වන්නා වූ බැවින් අවිද්‍යාව දුරු කොට තණ්හාව දුරලිය හැකි බව දැක්විණි. මෙම අවිද්‍යාව දුරලීමේ ප්‍රථම පියවර ලෙස ආර්ය අෂ්ටාංගික මාර්ගයේ ප්‍රථම අංගය වන සම්මා දිට්ඨිය දැක්වී ය. බුදුරජාණන් වහන්සේ විසින් සිය ප්‍රතිලෝම හේතුඵල දහම තුළ විද්‍යාව තුළින් තණ්හාව දුරලිය හැකි බව “මහණෙනි, මෙය වනාහී දුක නැති වීම පිණිස පවතින ප්‍රතිපදාව නම් වූ ආර්ය සත්‍ය යැයි කියා මා හට පෙර නො ඇසූ විරූ ධර්මයන්හි දහම් ඇස පහළ විය. ඥානය පහළ විය. ප්‍රඥාව පහළ විය. විද්‍යාව පහළ විය. ආලෝකය පහළ විය.” යනුවෙන් දක්වා සිටින ලදී.

බුදුරජාණන් වහන්සේ නිර්වාණය සාක්ෂාත් කිරීම පිණිස තමන් වහන්සේ විසින් ම ලොවට අනාවරණය කරන ලද සුවිශේෂී ප්‍රඥා දර්ශනය නම් ''විදර්ශනාව'' යි. චතුරාර්ය සත්‍යයේ දුක කෙළවර කරනා මාර්ග සත්‍ය වන ආර්ය අෂ්ටාංගික මාර්ගයේ ප්‍රථම අංගය වන සම්මා දිට්ඨිය විදර්ශනාව තුළින් සාක්ෂාත් කළ යුතු වේ. එහෙයින් මෙම ගීතයේ ප්‍රධාන මතෘකාව ලෙස විදර්ශනාව තෝරා ගන්නා ලදි. තණ්හාව මුල් කොට මනසින් බැඳෙන්නා වූ නාම-රූප අනිත්‍ය, දුක්ඛ සහ අනාත්ම ලෙස අවබෝධ කොට එහි නොබැඳීම විදර්ශනාවේ අපේක්ෂාව යි.

ආචාර්ය මහේන්ද්‍ර සමරවික්‍රම විසින් රචනා කරන ලද මෙම ගීතය ආචාර්ය රෝහණ වීරසිංහගේ සංගීතයට මුසු ව, සශිකා නිසංසලා විසින් ගායනා කරන ලදී. අපි දැන් එම ගීතයට ඇහුම්කන් දෙමු.

ගායනය: සශිකා නිසංසලා

තනුව: ආචාර්ය රෝහණ වීරසිංහ

පද රචනය: ආචාර්ය මහේන්ද්‍ර සමරවික්‍රම

සංසාර සාගරේ
නිමක් නැති ලෝකයේ
වෙන් නොවුණි කිසි විටෙක
ඔබ කෙරෙන් උමතු වී

කැඩපතක ඡායාව
ගෙන මියුරු සේයාව
බැඳ මවන සංසාර
ඔබයි ඒ මායාව

මා ඔබට වසඟ වුණි
මානයෙන් උමතු වුණි
නිසරු දෙය සරු ලෙසට
අරුත වරදා ගතිමි

බිඳි බිඳී යන ලොවක
නොහඟවා එහි අරුත
ඔබ තවම මා කෙරෙන්
නික්ම නොවුණේ මන්ද?

සංසාර සාගරේ
නිමක් නැති ලෝකයේ
වෙන් නොවුණි කිසි විටෙක
ඔබ කෙරෙන් උමතු වී

මෙම ගීතය මගින් පුද්ගලයකු ආර්ය අෂ්ටාංගික මාර්ගය තුළ සම්මා දිට්ඨිය සාක්ෂාත් කරනු පිණිස තම සක්කාය දිට්ඨිය විදර්ශනා කරනා ආකාරය සරලව තේරුම් ගත හැක. සක්ඛාය දිට්ඨිය යනු මම ය මාගේ ය යන හැඟීම, දැනීම සහිත ස්ථිර පුද්ගලයකු ඇත යන අවිද්‍යාව යි. එය සත්ත්වයා භවයෙහි බැඳ තබන්නා වූ සංයෝජන දහයෙන් පළමුවැන්න යි. බුදු දහමට අනුව සත්වයකු සෝවාන් වන තෙක් භවයෙහි නිමාවක් නොදකී. එමෙන් ම සෝවාන් වීම පිණිස සක්කාය දිට්ඨිය දුරු විය යුතු ය. සත්කාය දිට්ඨිය දුරලා මිස සෝවාන් විය නොහැකි බැවිනුත්, සෝවාන් වන තෙක් භවයේ කෙළවරක් දැකිය නොහැකි බැවිනුත් අනන්ත සසරේ පටන් සත්කාය දිට්ඨිය අප හා බැඳී පැවතුණි. මෙය ගීතයේ පළමු කොටසෙහි "සංසාර සාගරේ සහ නිමක් නැති ලෝකයේ ඔබ, එනම් සත්කාය දිට්ඨිය උමතු වූ අප කෙරෙන් කිසි විටෙක වෙන් නොවුණි" ලෙස දක්වා තිබේ. තම සත්කාය දිට්ඨියට ඔබ ලෙස ආමන්ත්‍රණය කරමින් මෙම ගීතය දෙබසක් ලෙස ඉදිරිපත් කෙරේ.

කැඩපතක් දෙස බලා සතුටු වන්නා මුළා වනුයේ තම සත්කාය දිට්ඨිටයටයි. කැඩපතක ඡායාව යනු සිතේ පහල වන්නා වූ සංඥාමය නාම ධර්මයක් ලෙස විදර්ශනා නොකොට එය නිත්‍ය, සුඛ සහ ආත්ම ලෙස ගෙන එයට බැඳීම සත්කාය දිට්ඨියේ ස්වභාවය යි. මෙය ගීතයේ දෙවෙනි කොටසින් විස්තර කෙරෙන අතර සත්කාය දිට්ඨිය සත්‍යක් නොව මායාවක් ලෙස සඳහන් වේ.

ගීතයේ තෙවැනි කොටසින් සත්කාය දිට්ඨිය සම්මා දිට්ඨියට ප්‍රතිපක්ෂ ආකාරය විස්තර කෙරේ. එනම්, සත්කාය දිට්ඨියට අප වසඟ වී ඇති බවත් එය මානයටත් මානය උමතුවටත් හේතුවන බව දක්වා ඇත. සත්කාය දිට්ඨිය සැම විටම නිසරු දෙය සරු ලෙසට ගෙන අර්ථය විකෘති කරවන බව ගීතයෙන් පැවසේ.

ගීතයේ සිව්වන කොටසින් සත්කාය දිට්ඨිය විදර්ශනාවට ප්‍රතිපක්ෂ ආකාරය විස්තර කෙරේ. සත්කාය දිට්ඨිය ආත්ම වාදයට මූලය යි. ලෝකය අනිත්‍ය වුව ද, බිඳි බිඳී ගිය ද, සත්කාය දිට්ඨිය අර්ථය හඟවා නාම-රූප පුද්ගල ස්වරූපයෙන් නිත්‍ය ලෙස ගනී. සෝවාන් වන තෙක් අපට සත්කාය දිට්ඨියෙහි නිරෝධය ගැන ඇත්තේ අනුමාන ප්‍රත්‍යක්ෂයකි. එම අනුමාන ප්‍රත්‍යක්ෂය සහ ධර්ම ශ්‍රද්ධාව තුළ සත්කාය දිට්ඨිය දුකට හේතුව බව හැඟේ. එයින් අත් නොමිදීම දුකකි.

අනුරාග පුෂ්පය

මෙම ගීතය මෙම තුන් ඈඳුතු ගීත කාව්‍යයේ අවසාන ගීතය යි. පළමු ගීතය ඔස්සේ දුක, දුකට හේතුව, දුක නැති කිරීම, සහ දුක නැති කිරීමේ මාර්ගය යන චතුරාර්ය සත්‍යය ද දුකට හේතු වන්නා වූ තෘෂ්ණාව ද දුක නැති කිරීමේ මාර්ගය වන ආර්ය අෂ්ටාංගික මාර්ගය ද සාකච්ඡා කෙරිණි. දෙවන ගීතය තුළ දී පුද්ගලයකු ආර්ය අෂ්ටාංගික මාර්ගය තුළ, බිඳ දැමීමට ඉතා අසීරු වන්නා වූ මිථ්‍යා දෘෂ්ටික සත්කාය දෘෂ්ටිය සම්‍යක් දෘෂ්ටික විදර්ශනාව තුළින් අස්ථාවර ලෙස දැක සත්කාය දෘෂ්ටිය හා බැඳුණු දුක, කෙළවර කර ගන්නා ආකාරය විස්තර කෙරිණ.

අපි දැන් තුන්වන ගීතයට ඇහුම්කන් දෙමු. ආචාර්ය මහේන්ද්‍ර සමරවික්‍රම විසින් රචනා කරන ලද මෙම ගීතය කසුන් කල්හාර විසින් සංගීතවත් කොට ගායනා කරන ලදී.

ගායනය සහ තනුව: කසුන් කල්හාර

පද රචනය: ආචාර්ය මහේන්ද්‍ර සමරවික්‍රම

දෙපත් පත් අනුරාග පුෂ්පය
බඹර, නුඹ පෙළුවේ ය මින්දද
හඹා චිත් පිනවූයේ මදු විත
සුව බැඳී සංසාර දුක් මල

එක මලින් සුව නොලත් බඹරා
අන් මලේ සුව සොයයි පියඹා
මන විලක තතු නොදුටු ඉඳුරා
විල් තෙරක් දකිනේය කවදා?

සැඳෑ සමයක - මලවී සර සිඳ
දකී වියැකෙන - මලක තිසි තතු
සිඳ බිඳී සංසාර ගන දුර
සඳක් මෙන් නුබ අයා දිදුලන

මෙම තුන්වන ගීතය තුළ දී තණ්හාව සහමුලින් දුරු කොට බෞද්ධයකුගේ ඒකායන අරමුණ වන නිර්වාණය සාක්ෂාත් කිරීම විස්තර කෙරේ. දෙවැනි ගීතය තුළ දී විස්තර කළ විදර්ශනාව තවදුරටත් තීක්ෂණ ලෙස ප්‍රගුණ කොට සත්කාය දිට්ඨිය දුරු කිරීමෙන් ඔබ්බට ගොස් තණ්හාව මුළුමනින්ම දුරුකිරීම මෙම ගීතයෙන් විස්තර කෙරේ. මෙම තලයට විදර්ශනාව දියුණු කිරීමේ දී ආර්ය අෂ්ටාංගික මාර්ගයෙහි අනෙකුත් අංග ද උපකාරී වේ. මෙහි දී සිතුවිලිවල අස්ථාවරත්වය දක්නා මට්ටමකට විදර්ශනාව ප්‍රගුණ කර ඇත.

මෙම ගීතයේ දෙපන් පත් අනුරාග පුෂ්පය නම් සිත යි. පුෂ්පයෙහි දෙපන් පත්‍ර යනු චෛතසික පනස් දෙක යි. මෙම චෛතසික, සිතුවිලි ලෙස තේරුම්ගත හැක. සිතත් සමගම සිතෙහි හටගන්නා වූ මෙම චෛතසික නම් මූලික නාම ධර්මයෝ සිතෙහි විවිධාකාර ගුණ ඉස්මතු කරති. මෙහි බඹරා නම් සිතට පැමිණෙන්නා වූ අරමුණ යි. මල මත සිටිනා බඹරා සිතෙහි ගැටෙනා අරමුණට උපමා කර ඇත. පළමු ගීතයෙහි විස්තර කළ පරිදි සිතට පැමිණෙන්නා වූ අරමුණ අවිද්‍යාවෙන් ගත් කල තණ්හාව ජනිත වේ. රාගය නම් තණ්හාවට තවත් නමකි. මෙහි දී රාගය සංකේතවත් කරනු පිණිස අනංගයාගේ ක්‍රියාකාරීත්වය දක්වා ඇත. මෙම අරමුණු තුළින් ඉපදුණා වූ රාගය ගීතයෙහි "බඹර නුඹ පෙළුවේ ය මින්දද" ලෙස දක්වා තිබේ. පසුව බඹරා මලට පියඹා විත් මල් පැණි බීම, "හඹා විත් පිනවූයේ මදු විත" ලෙස ගීතයේ දැක්විණි. සිතට ආදේශ කිරීමේ දී මෙය අවිද්‍යාව හේතුකොට නාම-රූප නිත්‍ය, සුඛ සහ ආත්ම ලෙස ගෙන එහි තණ්හාවෙන් බැඳීම නිරූපණය කෙරේ. ඉන් පසු, පළමු ගීතයේ දැක්වූ පරිදි තාවකාලික සුව වේදනාව භවයටත්, භවය තුළ සංසාර දුක නම් මල පුඩුවේ සිර වී දුක් විඳීමත් නිරූපණය කෙරේ. එබැවින් මෙම ගීතයේ පළමු පේළි සතරින් හේතු ඵල දහම නිරූපණය කෙරේ.

සිතෙහි දිගින් දිගටම විවිධාකාර අරමුණු හට ගනී. ගීතයේ දෙවෙනි කොටසින් මෙය මලින් මලට යන බඹරෙකුට උපමා කර ඇත. මෙම ක්‍රියාකාරිත්වය තුළ පෙර විස්තර කෙරුණු හේතු ඵල ධර්මතා නැවත නැවත

ක්‍රියාත්මක වෙමින් දුක උපදවයි. පෘථග්ජන මනසේ මෙම සිතත් අරමුණත් තණ්හාවත් අතර ඇත්තා වූ ස්වභාවය මලින් සහ බඹරුන්ගෙන් පිරුණා වූ විලකට උපමා කර ඇත. මෙහි විල් තෙර නිවනට උපමා කර ඇති අතර විල නිසි ආකාර අවබෝධ කරගන්නා තෙක් විල් තෙරට පැමිණිය නොහැක. එසේ ම මනස නිසි ආකාරව අවබෝධ කරගන්නා තෙක් පෙර කී හේතු ඵල ධර්මතා බිඳ නිවන් සාක්ෂාත් කළ නොහැක.

ගීතයෙහි අවසාන කොටසින් රාගය දුරු කොට නාම-රූපයන්හි ත්‍රිලක්ෂණය අවබෝධ කරගන්නා අන්දම දක්වා තිබේ. සිතෙහි රාගාදී නීවරණ ධර්ම පවතින තාක් විදර්ශනාව ප්‍රගුණ කළ නොහැක. “සැඳෑ සමයක මලවි සර සිඳ” ලෙස දක්වා ඇත්තේ සිත සමාධිමත් කල්හි රාගය දුරු කිරීම යි. පසුව “දකී නිසි තතු මලක වියැකෙන” ලෙස දක්වා ඇත්තේ රාගාදී නීවරණවලින් තොර කල්හි සිතෙහි අස්ථාවරත්වය විදර්ශනාව තුළින් මනා කොට දැකීම යි. මෙහි දී මතක් කළ යුතු වැදගත් කරුණ නම් සමාධිය තුළ රාගය තාවකාලිකව දුරු කළ හැකි වුව ද, රාගාදී කෙලෙස් යළි නූපදින ලෙස දුරු කළ හැක්කේ විදර්ශනාව තුළින් ලැබෙන්නා වූ ප්‍රඥාව මගිනි. පෙර නො වූ මෙම ප්‍රඥාව තුළින් සංසාර දුකට හේතු වන්නා වූ තණ්හාව දුරලීම ගීතයෙහි “සිඳ බිඳී සංසාර ගන දුර” ලෙස දක්වා ඇත. අහසේ දිදුලන චන්ද්‍රයා ඝන අන්ධකාරය දුරු කරන්නේ යම් සේ ද, එලෙස ම විදර්ශනාව තුළ ලැබුවා වූ මෙම සුවිශේෂී ප්‍රඥාලෝකයෙන් මෝහාන්ධකාරය දුරු වේ.

සම්මා සම්බුදු සසුන ලොව බොහෝ කල් පවතීවා!

සමාප්තයි!

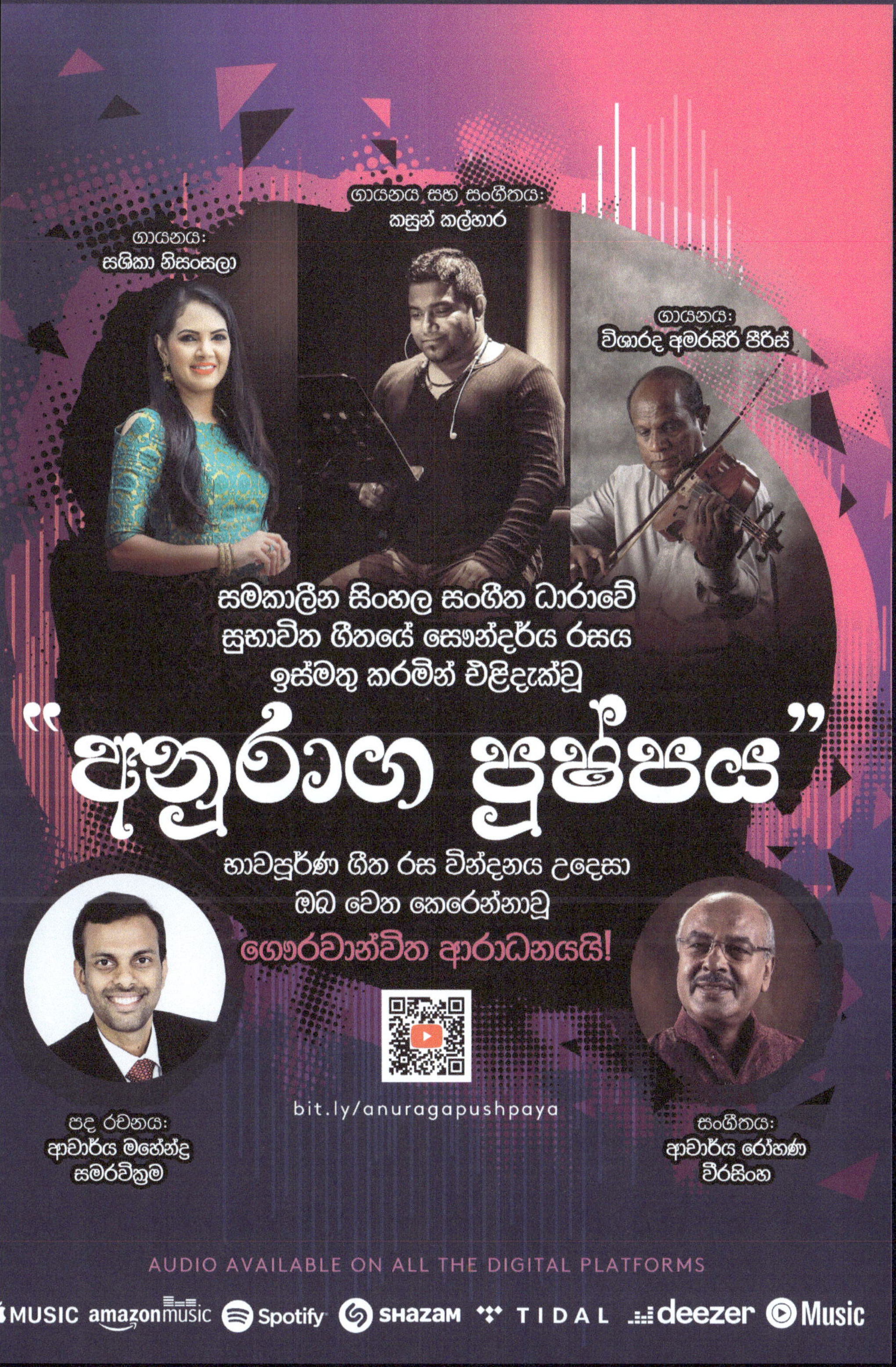

අනුරාග පුෂ්පය

ආචාර්ය මහේන්ද්‍ර සමරවික්‍රම

සමකාලීන සිංහල සංගීත ධාරාවේ සුභාවිත ගීතයේ සෞන්දර්ය රසය ඉස්මතු කරමින් "අනුරාග පුෂ්පය" තුන් ඇඳුතු ගීත ඇල්බමය රසික ඔබ හමුවේ එළිදැක්විණි.

මෙය වනාහි, ආචාර්ය මහේන්ද්‍ර සමරවික්‍රමයන්ගේ ගී පද සංකල්පනාවෙන් සහ සංගීතඥ ආචාර්ය රෝහණ වීරසිංහයන්ගේ සහ කසුන් කල්හාරයන්ගේ මියුරු ස්වර සුසංයෝගයෙන් විශාරද අමරසිරි පීරිස්, කසුන් කල්හාර සහ සශිකා නිසංසලා යන ජනප්‍රිය ගායක-ගායිකාවන් රසික ඔබ හමුවේ තබන්නාවූ භාවපූර්ණ ගී පඬුරකි.

මෙම තුන් ඇඳුතු ගීතයන්හි විශේෂත්වය නම් ගීත කලාව තුළින් බෞද්ධ දර්ශනයෙහි මූලික සිද්ධාන්ත ශ්‍රාවකයාට සන්දේශනය කිරීමට ගත්තා වූ නව ප්‍රයත්නය යි. මෙහිදී බුදු දහමේ ගැඹුරු සංකල්ප සංජානන-කලා සංගීතය ඔස්සේ රසාත්මකව ඉදිරිපත්විය. සුගීත රස වින්දනය උදසො මෙම ගීත විචාර කෘතිය රසික ඔබවෙත තිලිණ කෙරේ.

ISBN 978-0-6454693-2-5

9 780645 469325 >

www.ingramcontent.com/pod-product-compliance
Lightning Source LLC
Chambersburg PA
CBHW041501010526
44107CB00044B/1524
9780645469325